AF459067

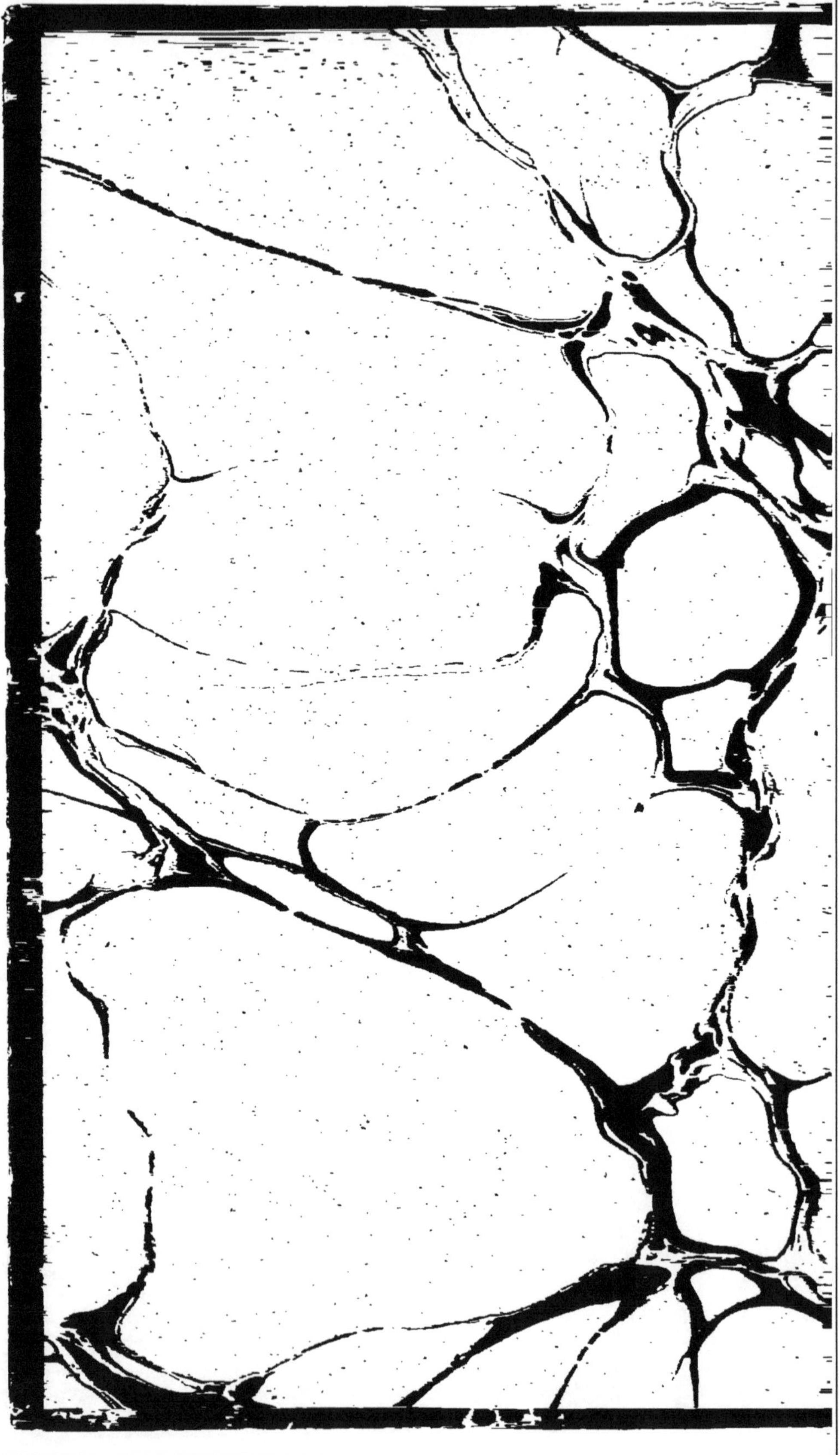

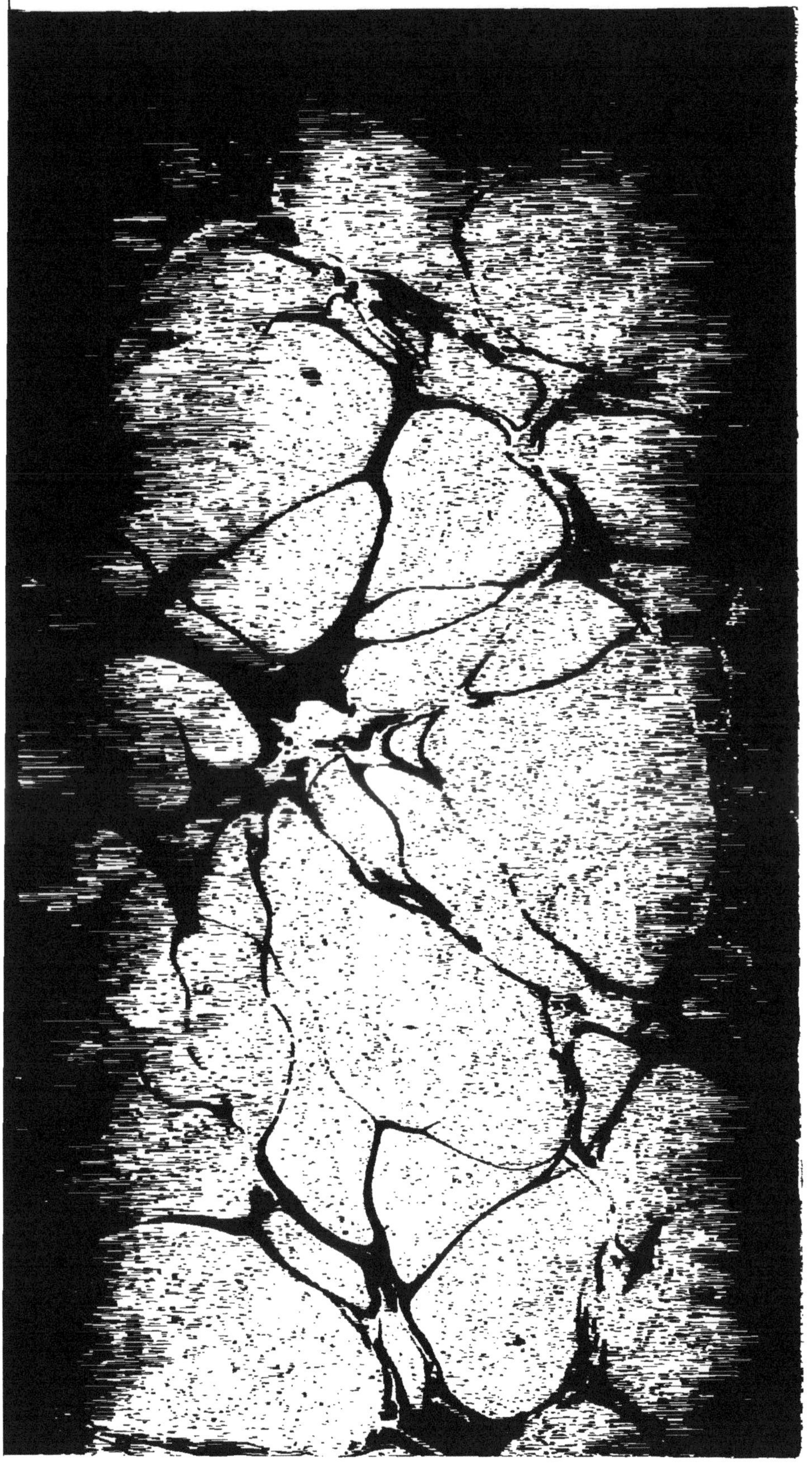

COLLECTION

DES

LIVRETS

DES

ANCIENNES EXPOSITIONS

DEPUIS 1673 JUSQU'EN 1800

SALON DE 1761

XXI

PARIS

LIEPMANNSSOHN ET DUFOUR

ÉDITEURS

11, rue des Saints-Pères

DÉCEMBRE 1869

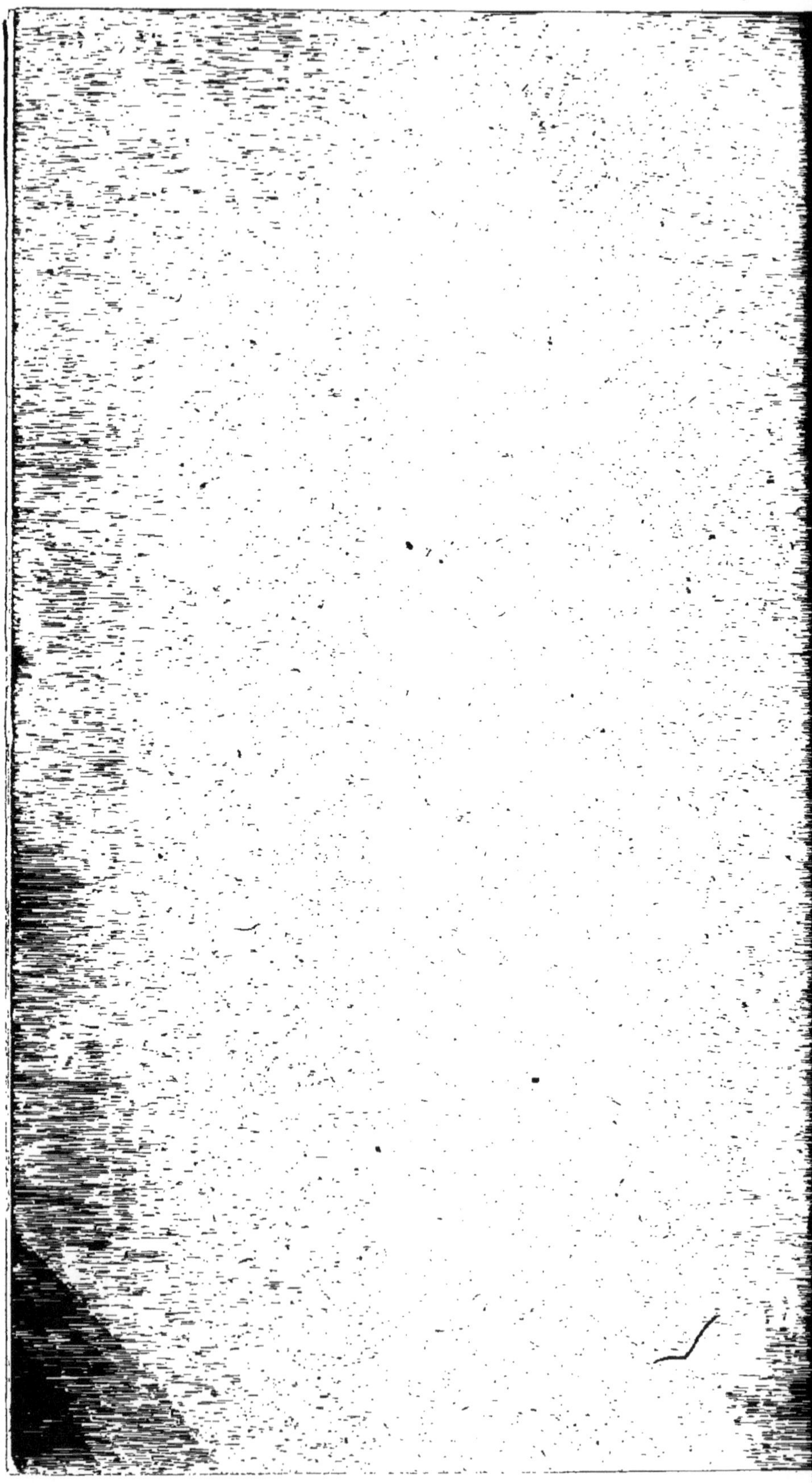

EXPOSITION

DE 1761

—

XXI

COLLECTION

DES

LIVRETS

DES

ANCIENNES EXPOSITIONS

DEPUIS 1673 JUSQU'EN 1800

EXPOSITION DE 1761

PARIS
LIEPMANNSSOHN ET DUFOUR
ÉDITEURS
11, rue des Saints-Pères

DÉCEMBRE 1869

NOMBRE DU TIRAGE

DU LIVRET DE 1761.

375 exemplaires	sur papier vergé.	
25	—	sur papier de Hollande.
10	—	sur chine.

N°

Ce livret est vendu seul 2 fr. 50.

NOTICE BIBLIOGRAPHIQUE.

Livret :

Tous les exemplaires ont 36 pages, la dernière page n'a que 5 lignes et se termine par l'article *Moitte*. 157 Nos. L'arrêt et le privilége manquent à ce livret.

Critiques.

Le *Mercure de France*, numéro d'octobre.

Année Littéraire, 1761. T. VI, p. 3, 21.

Diderot. Salon de 1761. (Ed. de ses Œuvres complètes, Brière, 1821. T. VIII.) Nous renvoyons à cette édition comme la meilleure des œuvres de Diderot.

Observations d'une Société d'Amateurs sur les Tableaux exposés au Salon cette année 1761. Tirées de l'*Observateur Littéraire* de M. l'abbé de la Porte. A Paris, chez Duchesne, in-12 de 72 pages.

Journal encyclopédique. Numéros de septembre et d'octobre : Expoſition des Tableaux au Louvre. Le second article est suivi de vers sur l'accordée de Village de Greuze.

EXPLICATION
DES PEINTURES,
SCULPTURES,
ET GRAVURES
DE MESSIEURS
DE L'ACADÉMIE ROYALE;

Dont l'Expofition a été ordonnée, fuivant l'intention de SA MAJESTÉ, par M. le Marquis DE MARIGNY, Commandeur des Ordres du Roi, Directeur & Ordonnateur General de fes Bâtimens, Jardins, Arts, Académies & Manufactures Royales: dans le grand Salon du Louvre, pour l'année 1761.

A PARIS, RUE S. JACQUES
De l'Imprimerie de J. J. E. COLLOMBAT, I. Imprimeur du Roy, des Cabinet & Maifon de SA MAJESTÉ, & de l'Académie Royale de Peinture, &c.

M. DCC. LXI.

AVEC PRIVILÉGE DU ROY.

AVERTISSEMENT.

Il ſeroit à ſouhaiter que l'ordre établi dans ce petit Livre, fût conforme à l'arrangement des Tableaux dans le Salon du Louvre. Mais comme on ne pourroit alors le commencer qu'après que tous les Ouvrages y auroient été placés, il s'enſuivroit un inconvénient plus conſidérable encore, le Public ne jouiroit de ce Livret que long-tems après l'ouverture du Salon : on a donc crû plus à propos de mettre à chaque Morceau un

Numero répondant à celui qui eſt dans ce Livre, & qu'il ſera facile d'y trouver.

Pour faciliter cette recherche, on a crû devoir interrompre l'ordre des grades de Meſſieurs de l'Académie, & ranger ces Ouvrages sous les diviſions générales de Peintures, Sculptures et Gravures. Lorſque le Lecteur cherchera le Numero marqué ſur un Tableau, il verra au haut des pages Peintures, *& ne cherchera que dans cette partie, & ainſi des autres.*

EXPLICATION

DES

PEINTURES,

SCULPTURES,

Et autres Ouvrages de Meſſieurs de l'Académie Royale, qui ſeront expoſés dans le Salon du Louvre.

PEINTURES.

OFFICIERS.

ANCIERS RECTEURS.

Par M. Louis-Michel *Vanloo*, Ecuyer, Chevalier de l'Ordre du Roi, Premier Peintre du Roi d'Eſpagne, Ancien Recteur.

Nº 1. Pe Portrait du Roi.

Tableau de 8 pieds de hauteur ſur 6 pieds de largeur.

2. Plusieurs Portraits sous le même N°.

RECTEURS.

Par M. *Dumont le Romain*, Recteur.

3. Un Tableau Allégorique, représentant la publication de la paix, en 1749.

La Paix descendue du Ciel vient de donner le Rameau d'Olivier au Roi; elle tient par la main ce Monarque dont elle est chérie. Le Roi présente le Rameau à la ville de Paris, qui le reçoit avec respect, joie & gratitude : elle est accompagnée de M. le Prévôt des Marchands & de MM. les Echevins. La générosité placée auprès du Roi, répand ses bienfaits. Le Génie de la France, armé de son Ecusson & de son Epée, poursuit la Discorde terrassée sous les pieds du Roi. Le Fleuve de la Seine & la Marne, témoignent leur surprise & leur satisfaction. Dans le fond, le peuple léve les mains au Ciel en signe de joie & de reconnoissance.

Ce Tableau doit être placé dans la Grande Salle de l'Hôtel de Ville. Il a quatorze pieds de large sur dix de haut.

Par M. Carle *Vanloo*, Recteur, Ecuyer, Chevalier de l'Ordre du Roi, Directeur de l'Ecole Royale des Eléves protégés.

4. La Magdeleine dans le Désert.

Ce Tableau doit être placé dans l'Eglise de

S. Louis du Louvre, il a huit pieds de haut ſur cinq de large.

5. Un Tableau repréſentant une Lecture.

Il a cinq pieds de haut ſur quatre de large.

6. Une offrande à l'Amour.

Tableau de cinq pieds de haut ſur trois de large.

7. L'Amour menaçant.

Tableau d'environ trois pieds ſur deux & demi.

8. Deux Tableaux repréſentant des jeux d'enfans.

Par M. *Boucher*, Recteur.

9. Paſtorales & Payſages ſous le même Numero.

ADJOINTS A RECTEUR.

Par M. *Jeaurat*, Adjoint à Recteur.

10. Le Songe de S. Joseph.

Ce Tableau de neuf pieds de hauteur ſur ſix de largeur, doit être placé dans l'Egliſe de S. Louis, à Verſailles.

PROFESSEURS.

Par M. *Pierre*, Ecuyer, Premier Peintre de M. le Duc d'Orléans, Profeſſeur.

11. Jéſus-Chriſt deſcendu de la Croix.

Tableau de dix-huit pieds de haut ſur dix de large.

12. La Fuite en Egypte.

Tableau de cinq pieds de haut ſur quatre de large.

13. La Décolation de S. Jean-Baptiſte.

Tableau de trois pieds de haut ſur quatre de large.

14. Le Jugement de Paris.

Ce Tableau appartient au Roi de Pruſſe. Il a vingt-un pieds de large ſur quatorze pieds de haut.

Par M. *Nattier*, Profeſſeur.

15. Le Portrait de feue Madame Infante, en habit de Chaſſe.

Tableau de cinq pieds ſur quatre.

Par M. *Hallé*, Profeſſeur.

16. Les Génies de la Poëſie, de l'Hiſtoire, de la Phyſique & de l'Aſtronomie.

Ce Tableau eſt au Roi, & eſt deſtiné à être exécuté en tapiſſerie dans la Manufacture des Gobelins. Il a dix pieds en quarré.

17. S. Vincent de Paule, prêchant.

Tableau de onze pieds de haut ſur ſix de large.

18. Deux petits Tableaux repréſentans des Paſtorales.

19. Autre, en ovale, repréſentant une Dame qui deſſine à l'encre de la Chine.

20. Un petit Tableau, d'une femme qui amuſe ſon enfant avec un moulin à vent.

21. Autre, repréſentant une Sainte Famille.

Par M. *Vien*, Profeſſeur.

22. Zéphire & Flore.

Tableau de quatorze pieds de largeur ſur neuf pieds quatre pouces de hauteur.

23. Saint Germain donne une médaille à Sainte Geneviéve.

Ce Tableau de onze pieds de hauteur ſur ſix de largeur, doit être placé dans l'Egliſe de S. Louis, à Verſailles.

24. L'Amour & Pſyché.

25. La Muſique.

Ces deux Tableaux ont chacun cinq pieds ſur quatre.

26. Une jeune Grecque, qui orne un vaſe de bronze, avec une guirlande de fleurs.

Tableau de deux pieds neuf pouces de haut ſur deux pieds de large.

27. La Déeſſe Hébé.

28. Pluſieurs Tableaux, ſous le même Numéro.

ADJOINTS A PROFESSEUR.

Par M. *Deſhays*, Adjoint à Profeſſeur.

29. Saint André amené par des Bourreaux pour être attaché ſur un chevalet & y être fouetté.

Tableau de quatorze pieds de haut ſur ſix de large.

30. Saint Victor, jeune Capitaine Romain, eſt amené les mains liées devant le Tribunal du Prêteur, en préſence des Prêtres des faux Dieux, & le Sacrifice préparé : le Saint renverſe l'Idole; il eſt ſaiſi par les Soldats & condamné au Martyre.

Tableau de dix pieds de haut ſur ſix de large.

31. Saint Pierre délivré de la priſon.

Tableau de onze pieds de haut ſur ſix de large.

32. Saint Benoît près de mourir vient recevoir le Viatique à l'Autel.

Tableau de huit pieds de haut ſur ſix de large.

33. Deux petits Tableaux repréſentant des Caravanes.

34. Sainte Anne, faiſant lire la Sainte Vierge.

35. Pluſieurs Tableaux & Eſquiſſes, ſous le même Numero.

Par M. *Amedée Vanloo*, Peintre du Roi de Pruſſe, Adjoint à Profeſſeur.

36. Le Baptême de Jeſus-Chriſt.

Ce Tableau doit être placé dans l'Egliſe de S. Louis à Verſailles. Il a onze pieds cinq pouces de hauteur ſur ſept pieds quatre pouces de largeur.

37. La Guériſon miraculeuſe de S. Roch.

Tableau de huit pieds de haut ſur cinq de large.

38. Deux Tableaux de même grandeur repréſentant des Satyres.

Ces deux Tableaux ont chacun quatre pieds ſix pouces de hauteur ſur trois pieds ſix pouces de large.

Par M. *Challe*, Profeſſeur pour la Perſpective.

39. Cléopâtre expirante par la morſure d'un aſpic qu'elle s'étoit fait apporter ſecretement dans un Panier de Fruits.

Tableau de cinq pieds 10 pouces de hauteur ſur cinq pieds de largeur.

40. Socrate condamné par les Athéniens à boire la ciguë, la reçoit avec indifférence, tandis que ſes Amis & ſes Diſciples cédent à la plus vive douleur.

Tableau de 8 pieds de large ſur 6 pieds 6 pouces de haut.

41. Un Païſage dans le genre héroïque, où l'on voit un Guerrier, qui raconte ſes Avantures à ſes Compagnons.

Ce Tableau a 4 pieds 6 pouces de haut ſur 3 pieds 6 pouces de large.

CONSEILLERS.

Par M. *Chardin*, Conſeiller & Tréſorier de l'Académie.

42. Le *Benedicite*.

Répétition du Tableau qui eſt au Cabinet du Roi, mais avec des changemens. Il appartient à M. Fortier, Notaire.

43. Pluſieurs Tableaux d'Animaux.

Ils appartiennent à M. Aved, Conſeiller de l'Académie.

44. Un Tableau repréſentant des Vanneaux.

Il appartient à M. Silveſtre, Maître à deſſiner du Roi.

45. Deux Tableaux de forme ovale.

Ils appartiennent à M. Roettiers, Orfévre du Roi.

46. Autres Tableaux, de même genre, ſous le même Numero.

Par M. *De La Tour*, Conſeiller.

47. Pluſieurs Tableaux en Paſtel, ſous le même Numero.

ACADEMICIENS.

Par M. *Franciſque Millet*, Académicien.

48. Saint Roch viſite les Hôpitaux, & guérit les malades en les touchant.

Ce Tableau doit être placé dans la nouvelle Egliſe de S. Louis à Verſailles. Il a 8 pieds 6 pouces de haut ſur 4 pieds de large.

49. Un Tableau repréſentant un Rocher percé & le Repos de la Vierge

Il a 4 pieds de large ſur 3 pieds de haut.

50. Deux petits Tableaux de Païſages ornés de figures.

Par M. *Boizot*, Académicien.

51. Telemaque accompagné de Minerve ſous la

figure de Mentor, raconte ſes Avantures à la Nymphe Calypſo.

Tableau d'environ 3 pieds de large ſur 2 pieds 6 pouces de haut.

Par M. *Lenfant*, Académicien.

52. Pluſieurs Deſſeins ſous le même numero, deux deſquels repréſentent, l'un la Bataille de Fontenoy, & l'autre celle de Lawfeldt.

Par M. *Antoine Le Bel*, Académicien.

53. Un Tableau repréſentant le Soleil couchant.

Tableau de 4 pieds 4 pouces de large ſur 3 pieds 6 pouces de haut.

54. Une petite Chapelle ſur le chemin de Conflans.

Tableau de 3 pieds 3 pouces de hauteur ſur 2 pieds 8 pouces de largeur.

55. L'Intérieur d'une Cour de Village.

Par M. *Oudry*, Académicien.

56. Un retour de Chaſſe.

Tableau de 4 pieds ſur 3.

57. Un Chat ſauvage pris au piége.

Tableau de 3 pieds de large ſur 2 pieds 6 pouces de haut.

Par M. *Bachelier*, Académicien.

58. Les Amuſemens de l'Enfance.

Ce Tableau eſt au Roi, & eſt deſtiné à être exécuté en tapiſſerie dans la Manufacture des Gobelins : il a 20 pieds de longueur ſur 10 de hauteur.

59. La fin tragique de Milon de Crotone.

Tableau de 9 pieds de haut ſur 6 de large.

Les quatres parties du Monde repréſentées par les Oiſeaux qu'elles produiſent.

60. L'Europe où l'on voit le Coq, l'Outarde, le Héron, le Coq-faiſan & quelques Canards.

61. L'Aſie caractériſée par le Faiſan de la Chine, le Cazoard, le Paon, le Huppé, l'Oiſeau Royal & l'Oiſeau du Paradis.

62. L'Afrique préſente la Pintade, la Demoiſelle de Numidie, le Geay d'Angola, & l'Oiſeau dit la Palette.

63. L'Amérique eſt déſignée par le Roi des Couroumoux, le Katacoi, l'Ara, le Courly, la Poule Sultanne, & le Coq de Roche.

Ces Tableaux ſont au Roi, & décorent le Salon de Choiſy; ils ont environ 4 pieds en tous ſens.

64. La Fable du Cheval & du Loup.

Tableau de 3 pieds ſur 2.

65. Un Chat Angola qui guette un oiſeau.

Tableau de 2 pieds ſur 18 pouces.

66. Une Deſcente de Croix. Eſquiſſe en griſaille.

Par M. *Vernet*, Académicien.

67. Vûe de Bayonne, priſe à mi-côte ſur le Glacis de la Citadelle.

On y voit la réunion des Rivieres de l'Adour & de la Nive. L'Auteur y a exprimé la différence qu'on voit quelquefois entre leurs eaux. L'Adour eſt traverſée par un grand Pont de bois, nommé le Pont du S. Eſprit, du nom du Fauxbourg auquel il conduit. La Nive a auſſi deux Ponts de bois : le plus proche eſt le Pont de Mayou, & celui qui eſt dans le lointain le Pont du Panecau. On voit au bord de la Riviere du côté de la Ville, où ſont rangés des vaiſſeaux, une partie de l'allée marine. Les Bâtimens couverts de toits uniformes qui paroiſſent ſur le devant du Tableau, ſont des Magaſins pour ſerrer du vin, & le chemin qui paſſe devant eſt celui qui conduit à la Barre. Les figures qui ornent le devant du Tableau ſont des Baſques, Baſquoiſes & autres femmes du Pays. L'heure du jour eſt au coucher du Soleil. La Marée eſt baſſe.

68. Autre vûe de Bayonne, priſe de l'allée de Boufflers près la porte de Mouſſerole.

On voit la Citadelle, la Porte Royale, le Fauxbourg & le Pont du Saint-Eſprit. On découvre juſqu'à Blanc-pignon & aux Dunes où eſt la Baliſe pour les ſignaux. Les figures ſont des Baſques coëffés d'un Barret ou eſpece de Toque, des Baſquoiſes qui ont ſur la tête un mouchoir, des Eſpagnols & des Eſpagnolles de différens lieux voiſins de Bayonne. Le Matelot debout, qui tient une rame eſt un Tillolier, & les femmes à qui il parle des Tillolieres, nom qu'ils prennent d'une eſpéce particuliere de bateaux, dont quelques-uns ſont repréſentés dans le Tableau, ainſi que pluſieurs autres, comme Chalibardons, Bateaux de Dax, &c. On s'eſt attaché à y repréſenter tout ce qui peut caractériſer le Pays & ſes uſages, comme le Jeu de la Troupiole, qui conſiſte à ſe jetter une cruche, juſqu'à ce que, tombée à terre, elle ſe caſſe. Une Cacolette, ou deux femmes ſur un cheval; un Carroſſe à bœufs, tel qu'on s'en ſert pour la campagne, &c. L'heure du jour eſt auſſi le coucher du Soleil; la Marée eſt baſſe.

Ces deux Tableaux appartiennent au Roi, & ſont de la ſuite des Ports de France, exécutée ſous les ordres de M. le Marquis de Marigny.

69. Pluſieurs Tableaux ſous le même numero.

Par M. *Roſlin*, Académicien.

70. Le Roi, après ſa maladie & ſon retour de Metz, reçu à l'Hôtel-de-Ville de Paris par M. le Gouverneur, M. le Prevôt des Marchands & MM. les Echevins.

Ce Tableau doit être placé dans la grande Salle de l'Hôtel-de-Ville. Il a 14 pieds de large ſur 10 de haut.

71. Le Portrait de M. le Marquis de Marigny.

Tableau de 4 pieds 9 pouces de haut ſur 3 pieds 6 pouces de large.

72. Pluſieurs Portraits ſous le même numéro.

Par M. *Deſportes le neveu*, Académicien.

73. Un Chien blanc prêt à ſe jetter ſur un Chat qui dérobe du Gibier.

Tableau de 4 pieds fur 3.

74. Deux Déjeûners.

Tableaux quarrés de 2 pieds 10 pouces chacun.

75. Autres repréfentans du Gibier & des fruits.

Par M. *de Machy*, Académicien.

76. L'intérieur de la nouvelle Eglife de Sainte Geneviéve, d'après les projets de M. Soufflot.

Tiré du Cabinet des Peintres François, appartenant à M. de la Live de Jully. Il a 5 pieds de haut fur 4 pieds de large.

77. L'intérieur d'un Temple.

Tableau de 7 pieds de haut fur 5 de large.

Deux petits Tableaux repréfentans des ruines d'Architecture.

Du Cabinet de M. Dazincourt.

78. Un Deffein repréfentant une vûe du Periftile du Louvre.

Il a 19 pouces de haut fur 13 de large.

Par M. *Drouais, le Fils*, Académicien.

79. Les Portraits de MM. de Béthune jouants avec un chien.

Tableau de 4 pieds de large fur 3 de haut.

80. Le Portrait d'une Dame jouant de la Harpe.

Tableau de 3 pieds 6 pouces de haut fur 2 pieds 9 pouces de large.

81. Le Portrait d'une Demoifelle quittant fa Toilette.

82. Le Portrait d'un des enfans de M. le Préfident Defvieux.

Tableau ovale.

83. Un jeune Eléve.

Ce Tableau eſt tiré du Cabinet de M. le Marquis de Marigny.

84. Pluſieurs Portraits par le même Auteur, ſous le même numéro.

Par M. *Juliart*, Académicien.

85. Pluſieurs Tableaux de Païſages ſous le même numéro.

Par M. *Voiriot*, Académicien.

86. Le Portrait de M. Gilbert de Voiſins, Conſeiller d'Etat ordinaire au Conſeil du Roi.

87. M. Hazon, Architecte du Roi, Intendant & Contrôleur de ses Bâtimens à Choiſy.

En Paſtel.

88. M. le Paute, Horloger du Roi.

89. Autres Portraits ſous le même numéro.

Par M. *Doyen*, Académicien.

90. Venus bleſſée par Dioméde.

Sujet tiré du cinquième Livre de l'Iliade. Enée, fils de Venus, alloit tomber au pouvoir de Dioméde ſon vainqueur, ſi ſa mere ne l'eût ſecouru. Dioméde furieux de perdre ſa proie, ſuit le Conſeil de Minerve qui le protége; de ſa lance il bleſſe Venus à la main, & inſulte à cette Déeſſe qu'Iris vient retirer de la mêlée. Apollon ſauve

Enée en le couvrant d'un nuage & de ſon bouclier. Le fleuve Scamandre eſt épouvanté de l'audace de Dioméde, & ſes Nymphes effrayées ſe cachent dans les roſeaux.

Ce Tableau appartient à M. le Prince de Turenne. Il a 15 pieds neuf pouces de largeur ſur 14 de hauteur.

91. Le Portrait d'une jeune femme Indienne du Royaume de Tangiaor, dans le Coſtume & avec les Ornemens de ſon Pays.

Ce Tableau eſt à M. le Prince de Turenne.

92. Une jeune Perſonne occupée à lire une Brochure, ayant ſon chien ſur ſes genoux.

93. Les charmes de l'harmonie, repréſentés par une Venus aîlée qui joue de la harpe.

94. L'Eſpérance qui nourrit l'Amour. Ces deux figures ſont caractériſées par leurs attributs.

AGRÉÉS.

Par M. *Parocel*, Agréé.

95. L'Adoration des Rois.

Tableau de 8 pieds 9 pouces.

Par M. *Greuze*, Agréé.

96. Le Portrait de Monſeigneur le Dauphin.

Buſte de 2 pieds de haut ſur un pied ſix pouces de large.

97. Le Portrait de M. Babuti.

98. Le Portrait de M. Greuze, peint par lui-même.

99. Le Portrait de Madame Greuze en Veftale.

Ces trois Tableaux font de même grandeur. Ils ont 2 pieds de haut fur 1 pied & demi de large.

100. Un Mariage, & l'inftant où le pere de l'Accordée délivre la dot à son Gendre.

Ce Tableau appartient à M. le Marquis de Marigny. Il a 3 pieds 6 pouces de large fur 2 pieds 6 pouces de haut.

101. Un jeune Berger qui tente le fort pour fçavoir s'il eft aimé de fa Bergere.

Tableau ovale, haut de 2 pieds.

102. Une jeune Blanchiffeufe.

Tableau de un pied fix pouces fur un pied de large.

103. Une Tête d'une Nymphe de Diane.

104. Plufieurs Têtes peintes, fous le même numero.

105. Un Deffein repréfentant des enfans qui dérobent des Marrons.

106. Autre Deffein d'un Paralytique foigné par fa famille, ou le fruit de la bonne éducation.

107. Autre, un Fermier brûlé, demandant l'Aumône avec fa famille.

Par M. *Guérin*, Agréé.

108. Plufieurs petits Tableaux fous le même Numero.

Par M. *Roland de la Porte*, Agréé.

109. Un Tableau repréſentant un Crucifix de bronze.
Tableau de trois pieds huit pouces de hauteur ſur un pied dix pouces de largeur.

110. Pluſieurs Tableaux d'Animaux & de Fruits, ſous le même numero.

Par M. *Briard*, Agréé.

111. Le Paſſage des Ames du Purgatoire au Ciel.
Tableau de vingt-trois pieds de hauteur ſur douze pieds de largeur.

SCULPTURES

OFFICIERS.

ADJOINTS A RECTEUR.

Par M. *le Moyne*, Adjoint à Recteur.

112. Madame la Marquiſe de Pompadour.
Buſte en Marbre.

113. Le Portrait de M. Crébillon.
Buſte en terre cuite.

114. Le Portrait de M. Reſtout, Directeur de l'Académie.
Buſte en terre cuite.

115. Le Portrait d'une jeune Fille.

116. Le Portrait de Mademoifelle Clairon, fous l'idée de Melpomene invoquant Apollon.

Bufte en marbre.

PROFESSEURS.

Par M. *Falconnet*, Profeffeur.

117. Une Tête, Portrait, en marbre de grandeur naturelle.

118. Une Figure en plâtre, repréfentant la douce mélancolie.

Elle a deux pieds fix pouces de haut, & fera exécutée en marbre, pour M. de La Live de Jully.

119. Deux Grouppes de femmes en plâtre. Ce font des Chandeliers pour être exécutés en argent.

Ils ont deux pieds fix poüces de haut chacun.

120. Une Efquiffe, en plâtre, repréfentant une petite fille qui cache l'Arc de l'Amour.

Elle a environ dix poüces de haut, & fait pendant à la figure de l'Amour, en marbre, qui a été expofée aux Sallons précédens, par le même Auteur.

Par M. *Vaffé*, Profeffeur.

121. Une Nymphe fortant de l'eau, & l'exprimant de fes cheveux.

Ce modele de cinq pieds deux pouces de proportion doit être exécuté en marbre, & faire partie de la décoration du Sallon de M. le Duc de Chevreufe à Dampierre.

122. Deux Nimphes, l'une qui dort, & l'autre qui ſe regarde dans l'eau.

Ces deux figures ſeront exécutées pour M. le Prince de Turenne, & poſées dans les jardins de Navarre.

123. Un grand Médaillon du Roi, en marbre.

Il doit être poſé dans la grande Salle de l'Hôtel de Ville à Paris.

124. Le Portrait en marbre du Pere le Cointe.

Cet ouvrage eſt de la ſuite des hommes Illuſtres de Troye.

125. Un Buſte, en marbre, Portrait.

126. Un Buſte, en talc, Portrait.

127. Un Vaſe.

Ce morceau de ſeize pouces de haut, eſt moulé ſur l'Original modelé en terre de porcelaine, qui eſt dans le Cabinet de Monſeigneur le Duc d'Orléans.

128. Une petite Figure en marbre.

Copie de la Nymphe qui ſe regarde dans l'eau, de dix-huit pouces de proportion.

ACADEMICIENS.

Par M. *Challe*, Académicien.

129. Un modele repréſentant un fait de la vie du Grand Turenne. M. le Vicomte de Turenne étoit d'une complexion très-délicate dans ſon enfance, ce qui faiſoit dire à ſon pere qu'il ne feroit jamais propre aux Travaux Militaires. Piqué de cette

prédiction, à l'âge de dix ans il prend la résolution de passer une nuit pendant l'hyver sur les remparts de Sedan. Son Gouverneur inquiet & après l'avoir cherché long-tems le trouve sur l'affût d'un canon où il s'étoit endormi.

130. Le Berger Phorbas passant par le Mont Cytheron accourt aux cris d'un enfant. Il trouve Oedipe pendu par les pieds à un arbre; il le détache, ignorant les malheurs dont il étoit menacé par les Oracles.

131. Mercure portant Bacchus, nouvellement né, aux Coribantes, pour le soustraire à la jalousie de Junon.

132. Deux Desseins, projets de Tombeaux.

Par M. *Caffieri*, Académicien.

133. Le Portrait de M. Rameau.

Par M. *Pajou*, Académicien.

134. Une Figure en marbre représentant la Paix.

Elle a deux pieds de hauteur & est pour le Cabinet de M. de la Live de Jully.

135. Une Figure de Pluton, en marbre, exécutée par l'Auteur, pour sa réception à l'Académie.

136. Le modele d'une Figure de Fleuve.

Elle est exécutée de quinze pieds de proportion chez M. de Montmartel, à Brunoy.

137. S. Augustin.

Ce modele de deux pieds de haut, doit être exécuté en marbre, de la proportion de huit pieds, pour l'Eglife de l'Hôtel Royal des Invalides.

138. Un Ange.

Ce modele doit être exécuté pour fervir de bénitier dans l'Eglife de Saint Louis à Verfailles.

139. Une Tête de Vieillard. En terre cuite.

140. Deux Portraits. En terre cuite.

AGRÉÉS.

Par M. *Dumont*, Agréé.

141. Le modele d'un Fronton, où font repréfentées les armes du Roi : des enfans entourent d'une guirlande de Fleurs le Cartel qui les renferme; aux deux côtés la Peinture & la Sculpture.

Ce Fronton eft exécuté à la Manufacture de Porcelaine, à Seve.

142. Deux Baigneufes.

Par M. *Mignot*, Agréé.

143. Une petite Figure de marbre repréfentant une femme qui dort.

Par M. *D'Hués*, Agréé.

144. Saint André en action de graces, prêt d'être martyrifé.

Modele de vingt-fix pouces de proportion.

145. L'Amour lançant des traits, de même proportion.

146. Quatre bas Reliefs repréfentant huit vertus qui tiennent des guirlandes.

Décoration d'un piedeftal cilindrique, fur lequel doit être une Urne funéraire.

GRAVURES.

OFFICIERS.

Par M. *Cars*, Confeiller.

147. Le Sacrifice d'Iphigénie.

Hercule combat Cacus.

Ces deux Eftampes font d'après le Moyne.

Le Frontifpice du Catalogue de MM. les Chevaliers de l'Ordre du S. Efprit.

Allégorie d'après le deffein de M. Boucher.

Vignette pour le même Livre, où eft la médaille du Roi.

Par M. *Cochin*, Ecuyer, Chevalier de l'Ordre du Roi, Secrétaire de l'Académie.

148. Licurgue bleffé dans une fédition.

Deffein au crayon rouge.

ACADÉMICIENS.

Par M. *Surugues*, Académicien.

149. Jofeph defcendu dans la Citerne, d'après le Tableau peint par le petit Moyfe.

Par M. *Moyreau*, Académicien.

150. Ruine d'un Aqueduc antique.

Maufolée antique. D'après les Tableaux de J. P. Panini.

Par M. *Le Bas*, Académicien.

151. Les quatre premieres Eftampes de la fuite des Ports de France, d'après M. Vernet, gravées en fociété avec M. Cochin.

Par M. *Surugues*, le fils, Académicien.

152. L'Aveugle. D'après M. Chardin.

Par M. *Wille*, Académicien.

153. Le Portrait de M. le Marquis de Marigny, d'après le Tableau de M. Tocqué.

Le petit Phyficien d'après Gafpard Netfcher.

AGRÉÉS.

Par M. *Roettiers*, le fils, Agréé.

154. Un Cadre renfermant plusieurs médailles de l'Histoire du Roi.

Par M. *Fessard*, Graveur de la Bibliothéque du Roi, Agréé.

155. Vue perspective de la Chapelle des Enfans Trouvés, peinte par M. Natoire.

Par M. *Lempereur*, Agréé.

156. Les Forges de Vulcain, d'après M. Pierre, dédiée à M. le Marquis de Marigny.

Quelques autres Estampes, sous le même numero.

Par M. *Moitte*, Agréé.

157. Venus sur les eaux, d'après M. Boucher.

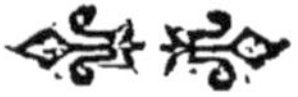

Nogent-le-Rotrou, Imprimerie de A. Gouverneur.

CONDITIONS DE LA SOUSCRIPTION

A LA

RÉIMPRESSION DES ANCIENS LIVRETS

Chaque volume sera livré aux souscripteurs moyennant le prix :

De 1 fr. 25 sur papier vergé;
De 2 fr. 50 sur papier de Hollande;
De 3 fr. sur papier de Chine.

Les souscripteurs de Paris recevront les volumes à domicile. Ceux de province ou de l'étranger pourront se les faire envoyer en payant en surplus les frais de poste, s'ils ne préfèrent les faire réclamer aux bureaux de souscription.

On souscrit :

Chez : MM. Liepmannssohn et Dufour, libraires, 11, rue des Saints-Pères.

Nota : A partir du mois de Janvier la table générale des quarante-deux livrets réimprimés ne sera plus livrée gratuitement aux nouveaux souscripteurs.

On trouve à la même librairie,

Le duc d'Antin et Louis XIV, rapport sur l'administration des bâtiments annotés par le Roi, publiés avec une préface, par *J.-J. Guiffrey*.

Sous presse,

LES ARTISTES FRANÇAIS, notices et documents pour faire suite aux *Archives de l'art français*, publiés par MM. An. de Montaiglon et J.-J. Guiffrey. Un fort volume sur papier vergé tiré à petit nombre, titre en deux couleurs. Prix, 12 fr.

Nogent-le-Rotrou, imprimerie de A. Gouverneur.

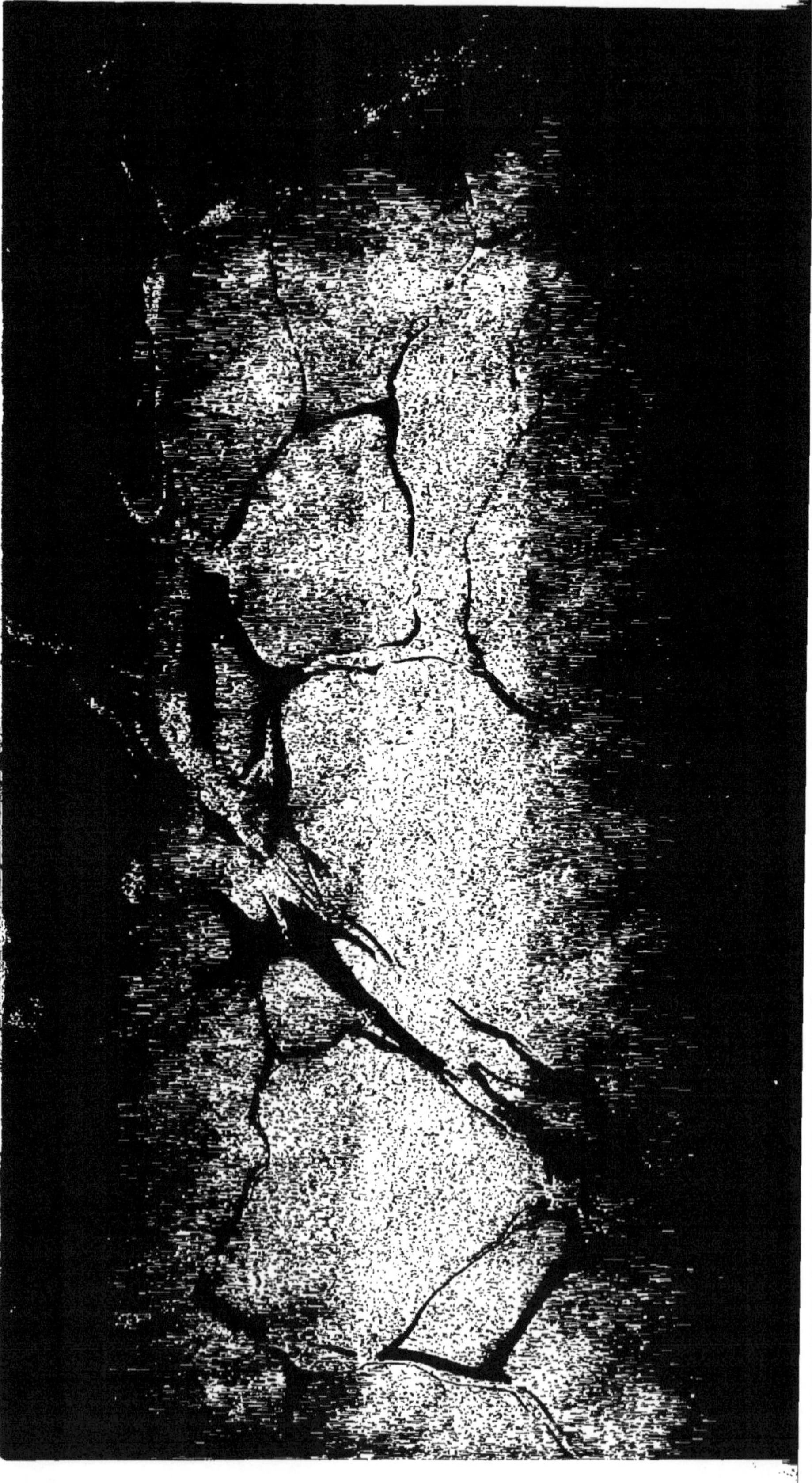

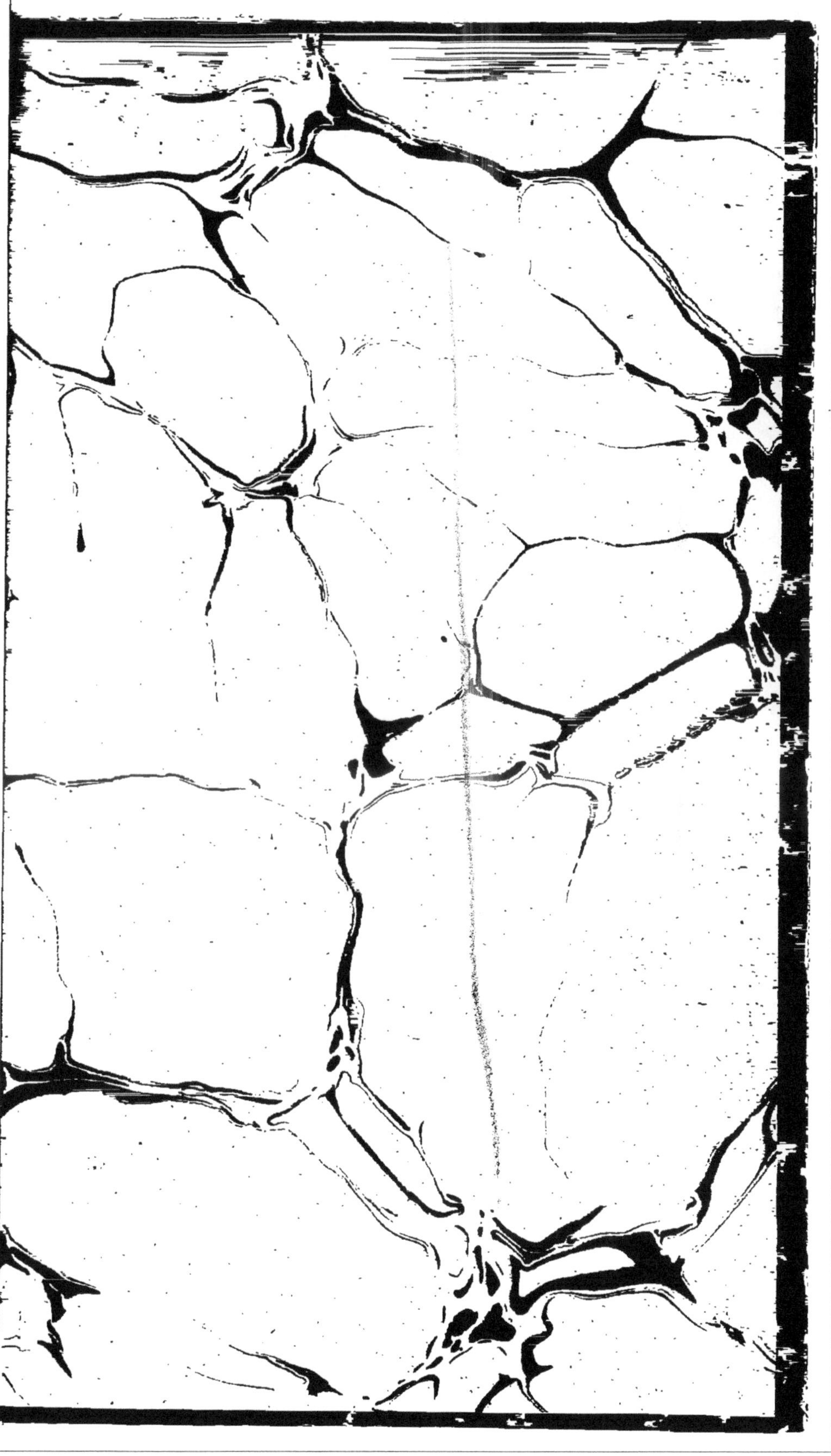

www.ingramcontent.com/pod-product-compliance
Ingram Content Group UK Ltd.
Pitfield, Milton Keynes, MK11 3LW, UK
UKHW020441230726
13925UKWH00004B/1766

9 782013 686419